Antonio Giubelli

NAPOLEON auf Elba

PRO.GRA.MS
Usmate • Milano

EINLEITUNG

Der kurze Aufenthalt von Napoleon Bonaparte auf der Insel Elba ist der wohl am wenigsten dokumentierte Lebensabschnitt des Kaisers der Franzosen und die wenigen Zeugnisse oder Rekonstruktionen scheinen unvollständig, häufig widersprüchlich und fast immer frei von der nötigen Objektivität, die eine historisch glaubwürdige Nacherzählung der Ereignisse gewährleisten kann. Das Pathos, mit dem einige Historiker die Gesten des Kaisers schildern, erscheint ebenso inakzeptabel wie der Groll anderer Zeitzeugen oder auch Geschichtsforscher, der bisweilen bis hin zur Verleumdung reicht.

Wer war also Napoleon Bonaparte? Der Despot, der Tyrann, der Verräter der Ideale der Revolution, oder der Helfer der Unterdrückten, der romantische Krieger, der Freiheit, Gleichheit und Brüderlichkeit dorthin exportiert, wo die monarchische Macht die Menschen noch unterjocht? Möglicherweise kann der letzte Akt seines Lebens, der mit seinem Umzug auf Elba beginnt, dabei helfen, diese so umstrittene Figur der Geschichte besser zu verstehen.

Marmorbüste von Napoleon, 19. Jh., François Rude zugeschrieben. (Villa dei Mulini, Festsaal).

DER VERTRAG VON FONTAINEBLEAU

Der verzweifelte plötzliche Rückzug der napoleonischen Truppen aus Moskau, der zweiten Hauptstadt des russischen Zarenreichs, kündigt das tragische und unerwartete Ende der imperialistischen Politik Bonapartes an, der, bestürzt über den unheilvollen Ausgang der Militärkampagne an der Ostfront und bereits im Griff der Truppen feindlicher Koalitionsmächte, in die Abdankung vom französischen Kaiserthron einwilligt. Man schreibt den 4. April 1814. Mit dem Vertrag von Fontainebleau wird ihm jedoch die Beibehaltung des Kaisertitels, eine beträchtliche Rente und die Herrschaft über die kleine, aber liebliche Insel Elba zugesprochen. Dies ist keine Wertschätzung eines zwar besiegten, doch ehrwürdigen Feindes durch England, Österreich, Russland und Preußen, sondern vielmehr eine besonnene Entscheidung, den Kaiser heimlich ins Exil zu bringen und ihm somit die Demütigung einer Haft zu ersparen, welche die bereits erhitzten Gemüter seiner verbliebenen Anhänger weiter anstacheln könnte. Begleitet von einer Delegation der Koalitionstruppen, verlässt der Kaiser Frankreich und schifft sich auf der englischen Fregatte Undaunted ein, die nach Elba in See sticht.

Adler mit ausgebreiteten Schwingen erheben sich auf dem eindrucksvollen Gitter der Villa San Martino.

DIE TAGE AUF SEE

Begleitet vom österreichischen General Koller und von Oberst Champbell, die jede seiner Bewegungen überwachen, verbringt Napoleon auf der „Undaunted“ gut fünf Tage, da Stürme das Meer unschiffbar machen. Das Schiff unter dem Kommando von Kapitän Asher ist zunächst nicht für die Beförderung des Kaisers, sondern für die Eskortierung der französischen Brigg „Inconstant“ bestimmt. Doch als Napoleon den schlechten Zustand des Schiffes sieht, das für einen Mann seinen Ranges wenig geeignet ist, weigert er sich, an Bord zu steigen und wettert gegen den geringen Respekt, der ihm von Seiten der neuen französischen Regierung entgegengebracht wird. Man entscheidet sich folglich, ihn direkt auf der Undaunted einzuschiffen, während der von den Worten Napoleons gekränkte Kommandant der Brigg auf dem Absatz kehrt macht und nach Toulon zurückkehrt, ohne sich von ihm zu verabschieden. Während der Schifffahrt jedoch macht die gemessene Haltung Bonapartes Platz für ein anderes, herzliches, freundliches und erstaunlich höfliches Auftreten, so als ließe der Souverän, nach Herunternahme seiner bereits unglaubwürdig gewordenen Maske, das Gemüt eines besonnenen, resignierten und vielleicht sogar reuigen Mannes durchscheinen. Während der Reise spricht er mit Koller, der in Zwischenzeit zum intimsten Gesprächspartner des „Gefangenen“ geworden ist, über seine Befürchtung eines unheilvollen Emp-

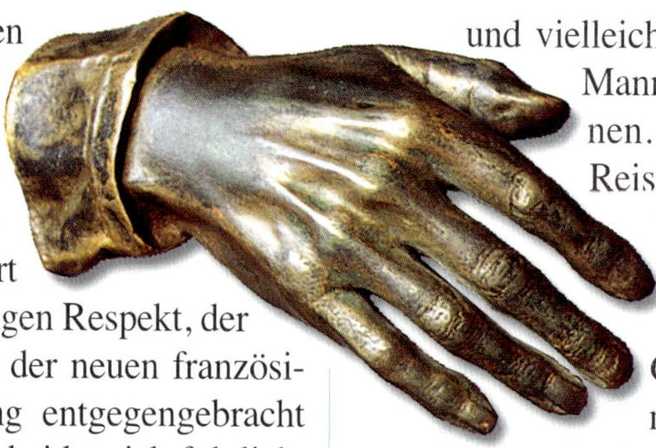

Bronzene Totenmaske und Nachbildung der Hand Napoleons, verwahrt im Museum der napoleonischen Raritäten neben der Chiesa della Misericordia, wo jedes Jahr eine Gedenkmesse für den Kaiser abgehalten wird.

Innenansicht der Chiesa della Misericordia. Hauptaltar.

fangs auf der Insel und seine Gewissheit, es sei der Wille der neuen französischen Machthaber gewesen, die ihn am liebsten tot sähen, ihn an einen derart feindlichen Ort zu schicken.

Tatsächlich gleicht Elba in jenen Tagen einem Pulverfass: während über

Gedenktafel unter dem Reliquiar mit einer Krone als Symbol kaiserlicher Macht, auf der das Wirken Napoleons bezeugt und gleichzeitig an die Vergänglichkeit menschlicher Eitelkeit erinnert wird. Statue von San Cristino, über der auf einer Gedenktafel mit fragwürdiger historischer Zuverlässigkeit die Frömmigkeit des eigentlich weltlich gesinnten Kaisers beschrieben ist. (Chiesa della Misericordia).

Portoferraio die weiße Fahne weht, hat man in Porto Longone die Trikolore gehisst, während auf dem Rest der Insel Unabhängigkeitsbewegungen die Gemüter entflammen. Wie so häufig, wird die Inbrunst des Volkes durch die Nachricht abgeschwächt, der Neubürger verfüge über eine höchst beachtliche Geldsumme, und die anarchistischen und separatistischen Impulse flauen weitgehend ab. Napoleon, der den Reiz des Reichtums gut kennt und weiß, welchen Zauber er auf Menschen ausübt, die keinen Anteil daran haben, lässt nach seiner Ankunft sein Geldvermögen in Goldbarren eintauschen, um die Elbaner, die

Innenansicht der Chiesa della Misericordia. Reliquium, das die Reliquien von San Cristino enthält.

dem Transport beiwohnen, damit zu beeindrucken.

Luftaufnahme von Portoferraio.

DIE ANKUNFT DES KAISERS AUF DER INSEL

Am 3. Mai 1814 legt die „Undaunted" an der Reede von Porto Ferraio an. General Dalesme, der Generalgouverneur der Insel, weiß, dass an Bord ein illustrer Passagier auf seine Landung wartet und befiehlt die Abgabe aller Waffen, da er eine gewalttätige Reaktion der Elbaner befürchtet, die wenige Tage zuvor in Marciana das Bild Napoleons verbrannt haben. Doch obwohl sich eine feindliche Gesinnung gegenüber den Franzosen breit macht, die erst vor kurzem aus der Toskana abgezogen sind, und das wirtschaftlich-soziale Leben auf der Insel durch die internationalen Ereignisse, welche die Kommunikation und den Handel vollständig blockierten, praktisch gelähmt ist (die Mine ist seit Wochen inaktiv, da das abgebaute Material nicht verschifft werden kann), bereiten die Elbaner dem Kaiser aus unerklärlichen Gründen einen festlichen Empfang, wie aus verlässlichen Zeitzeugenberichten zu entnehmen ist. Der Enthusiasmus liegt wahrscheinlich in der Tatsache begründet, dass die Insel zum ersten Mal in ihrer Geschichte zu einer unabhängigen „Nation" wird, die vom zwar umstrittenen, aber dennoch be-

Abreise Napoleons von Elba, Radierung, (Palazzina dei Mulini).

deutendsten Politiker der damaligen Zeit regiert wird. Die größten Verleumder Napoleons behaupten, dass dieser vor seinem triumphalen Einzug auf der Insel aus einer Laune heraus befohlen haben soll, dass eine Flagge seines neuen Reiches zu wehen habe, neue Fahne gehisst, die in der Nacht von einem geschickten elbanischen Schneider angefertigt worden ist. Wahrscheinlich trugen sich die Dinge nicht ganz so zu, und den Meinungen der glaubwürdigsten Historiker zufolge entwarf Napoleon selbst seine neue Flagge: der historische elbanische Banner, ein roter Diagonalstreifen auf weißem Fond, der sich an die groß-

Zweispitz von Napoleon (Museo civico del Risorgimento, Mailand).

woraufhin der in Verlegenheit gebrachte Dalesme die Archive nach den Spuren eines historischen, wenn auch in Vergessenheit geratenen Banners durchsuchte, der Elba repräsentieren könnte. Nach Auffinden des alten herzoglichen Wappens der Familie Appiani, den ersten Herren von Elba, wird am darauffolgenden Morgen auf dem Turm des Forte Stella unter dem Dröhnen der Artillerie die herzogliche Handelsflagge anlehnt, wurde um drei goldene Bienen, dem napoleonischen Symbol, ergänzt; hinzu kam eine neue Kokarde. Am späten Nachmittag des 4. Mai geht Napoleon Bonaparte gegenüber der Porta a Mare an Land, wo bereits seit vielen Stunden Battaillone des 35. Regiments der leichten Infanterie, das dritte Fremdenbataillon, das Freibataillon und die französische Gendarmerie bis hin zur Kirche aufgestellt sind, und um die sich die herbeigeströmte Bevölkerung erstreckt, um dem neuen Gouverneur die Ehre zu erweisen. Begleitet von den fünf Generälen aus Österreich, England, Russland, Preußen und Frankreich, sowie seinem Gefolge, das unter anderem aus dem Marschall Bertrand und dem Kavalleriegeneral Drouot besteht, und mit schwankendem Gang, als verspüre er das Gewicht der tragischen Ereignisse vor seiner Ankunft, bekommt der Kaiser, der einen blauen Überzieher, Hut und Militärstiefel trägt, feierlich die Stadtschlüssel von den Behörden überreicht (Laut dem Bericht von General Koller ließ sich jedoch General Drouot einige Stunden zuvor die Stadtschlüssel vom Gou-

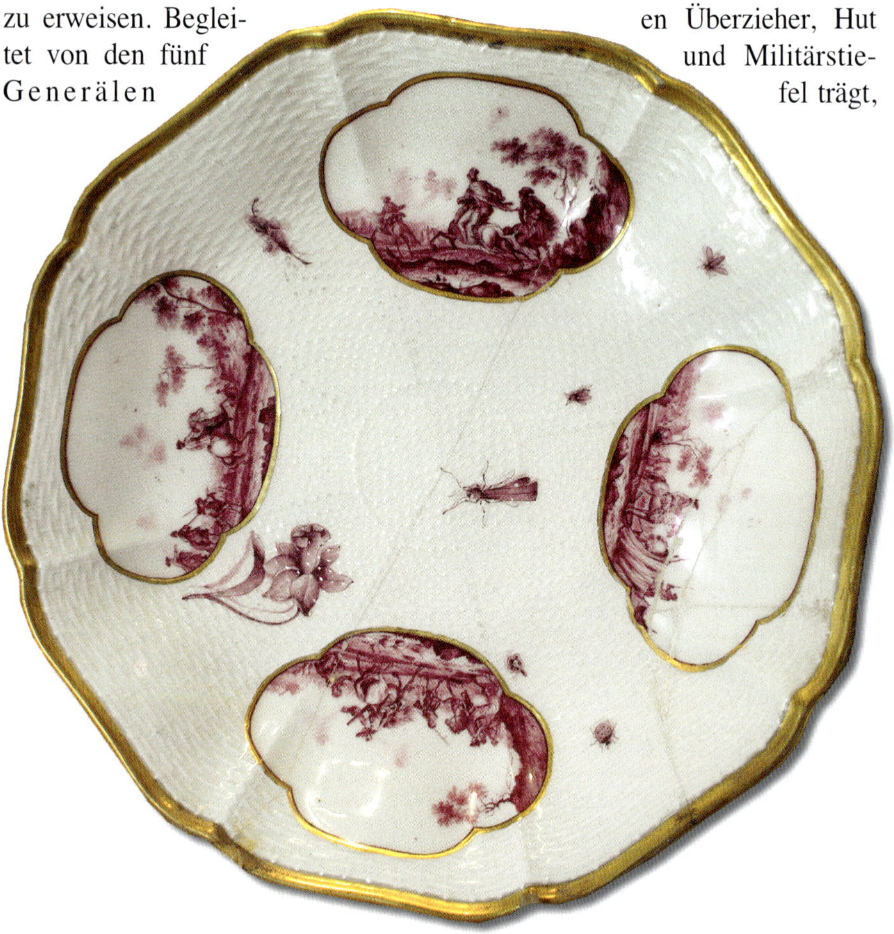

Achteckiger Teller mit Landschaftsmotiven, erste Hälfte des 19. Jh., deutsche Manufaktur, (Museo Napoleonico, Rom).

verneur von Elba aushändigen, um eine ungehinderte Amtseinführung der neuen Regierung sicherzustellen). Anschließend wird der Kaiser zur Pfarrei geführt, wo er vor der Feier des Te Deums (abgehalten vom Generalvikar der Insel, dem mit Napoleon verwandten Korsen Arrighi) in einer ersten kurzen Ansprache an das Missgeschick erinnert, das der Krieg mit sich bringt und sich als Opfer des unbeständigen Schicksals definiert, um abschließend die Elbaner darauf hinzuweisen, dass sie, sollten sie noch keine Sympathie für ihn hegen, ihre Meinung bei seiner Abreise gewiss geändert haben werden. Er gelobt sein Engagement, bezeugt seine Ernsthaftigkeit, mit der er zu regieren gedenkt, und schließt einen Pakt mit den Insulanern, der auf gemeinsamen Absichten beruht und kritischeren Stimmen zufolge wohlmöglich nur ein allzu dreister Versuch ist, die Sympathien einer Bevölkerung zu gewinnen, der er selbst feindselig gegenüber steht. Am Ende seiner kurzen Rede entschuldigt er sich und verlässt die Zeremonie.

Schokoladentasse mit Untertasse, Anfang 19. Jh. (Museo degli Argenti e delle Porcellane, Palazzo Pitti, Florenz).

Salzgefäß in Kahnform (Museo Napoleonico, Rom).

Napoleon bei seiner Abreise von der Insel Elba (Detail), Giovanni Severi, Öl auf Leinwand, erste Hälfte des 19. Jh.

EINE POLITIK AUF SEITEN DER BÜRGER

Wirkliches Interesse für seine neuen „Untertanen“ oder populistische Maßnahmen eines lebenserfahrenen Politikers? Die wahren Absichten Bonapartes kennen wir nicht, sicher ist jedoch, dass er am Tag nach seiner Amtseinführung, als er noch in den allzu behaglichen Räumen des Rathauses der Biscotteria einquartiert ist, eine Reihe von Verwaltungsmaßnahmen trifft, die unverzüglich per Anschlag bekannt gegeben werden und die eine deutliche Verbesserung der Lebensbedingungen der Inselbewohner vorsehen und insbesondere die Handelseinschränkungen abbauen und den Steuerdruck verringern. Es werden Zölle aufgehoben und Gesetze abgeschafft, in denen Stempelgebühren oder entgeltliche Registereinträge für bestimmte Transaktionen auferlegt sind. Das Erscheinungsbild von Elba verbessert sich dank der Politik Napoleons, der schon früh sechzigtausend Francs bereitstellt, um die bereits bestehenden Straßen befahrbarer zu machen und neue zu bauen. Innerhalb weniger Monate werden Projekte zur Renovierung von Gebäuden, Brunnen und vielem mehr umgesetzt, die bisher aus Mangel an Geldern nicht haben realisiert werden können. Der Kaiser scheint seine abgegebenen Versprechungen zu halten.

Oben: Wappen aus Marmor, das einst über der Porta di Mare angebracht war und heute im Garten der Palazzina dei Mulini aufbewahrt wird; unten: ein ähnliches Wappen, ebenfalls mit hervortretendem Adler auf einem Schild, verwahrt in der Villa San Martino.

Dass Bonaparte ein Liebhaber des Schönen, unter anderem in der Architektur, ist, erkennt man an den unzähligen Bauwerken, die in seinem ganzen Reich errichtet werden; in diesem Zusammenhang ereignet sich auf Elba ein Vorfall, der klar erkennen lässt, wie wenig ihm Hürden bei seinen Plänen zur Verschönerung der Landschaft belieben. In jener Zeit war der Thunfischfang, eine der örtlichen Haupteinnahmequellen, einem vermögenden ligurischen Unternehmer zugeteilt, der für seinen Betrieb einen Baukomplex hatte bauen lassen, der in den Augen Napoleons eindeutig die Harmonie der Landschaft zu sehr verschandelte, die er mit Hilfe von Umstrukturierungsmaßnahmen gestalten wollte. Er ordnete daher den sofortigen Abriss des Gebäudes an, ohne den reichen Genuesen auch nur zu fragen, welcher daraufhin mit einem Verfahren gegen den Kaiser drohte. Hiervon völlig unbeeindruckt, ließ dieser den Kläger wissen, dass er nicht nur keine Angst vor der Drohung habe, sondern im Falle der Anrufung eines Gerichts das Fangrecht für Thunfisch erneut ausschreiben und dem Meistbietenden zuteilen würde. Und damit nicht genug: bis dahin würde die Konzessionsgebühr um gut zwanzigtausend Francs auf den vereinbarten Betrag aufgeschlagen werden. Der Entschlossenheit seines Gegenspielers gewahr werdend, kam der Ligurer zur Vernunft, akzeptierte die Zahlung der geforderten Geldsumme und ließ von seinem Vorhaben einer Schadenersatzklage ab. Dieser wenn auch für einen großen Eroberer recht kleine Sieg amüsierte Napoleon, der seine Genugtuung darüber nicht verbarg. Doch gnädig, wie es nur ein Kontrahent seiner Herkunft sein konnte, entschloss er sich, die Geldleistung des reichen Ligurers von den angedrohten zwanzigtausend auf zehntausend Francs herabzusetzen.

Türkisfarbenes Tintenfass mit Goldrand aus dem Besitz von Napoleon, Ende 19. Jh. (Museo del Risorgimento, Mailand).

Vase mit ägyptischen Veduten, Manufaktur von Sèvres (Museo degli Argenti e delle Porcellane, Palazzo Pitti, Florenz).

DIE TAGE AUF ELBA

Nicht nur das äußerliche Erscheinungsbild der Insel änderte sich allmählich, auch das soziale Leben wurde wieder angekurbelt. Fast täglich trifft eine wahrhafte Pilgerschar auswärtiger Besucher ein, um den Kaiser der Franzosen kennen zu lernen und ihm die Ehre zu erweisen. Es werden zahlreiche öffentliche Feste abgehalten, an denen die örtlichen Herren teilnehmen und zu denen sich nicht selten illustre Gäste vom Kontinent gesellen. Man begeht sogar die Feier eines wohl eher unwahrscheinlichen Heiligen Napoleon, die auf den 15. August fiele, bei der neben spektakulären Feuerwerken und öffentlichen Bällen ein fesselndes Pferderennen abgehalten wird. Der Hafen erlebt erstmals eine unvorstellbare Dynamik und wird täglich von Schiffen angelaufen, die mit Gütern beladen sind, welche für den Unterhalt des ansehnlichen Hofstaates und der zahlreichen Gäste erforderlich sind. Die Elbaner, die daraus einen sicheren Nutzen ziehen, sind begeistert. Dennoch zeigt sich Napoleon betrübt und es scheint fast, als sei das der Insel und ihren Bewohnern entgegengebrachte Interesse ein Versuch, um den unheilvollen Gedanken, die in ihm wohnen, zu entkommen. Er ist keinesfalls resigniert, sich seiner begangenen Fehler bewusst, jedoch unfähig sich zu ergeben, wie sich aus seinen späteren Entscheidungen entnehmen lässt. Morgens steht er sehr früh auf und geht nach einem einfachen Frühstück erneut zu Bett, wo er die von Drouot oder Bertrand vorbereitete Besucherliste durchgeht. Später begibt er sich auf einen Ausritt, seiner unverzichtbaren Leidenschaft. Bei seinen Auflügen durchstreift er das ganze Territorium bis hin zu den unwegsamsten Stellen. Hin und wieder besucht er auch

Sessel mit Armlehnen, die auf Sphinxkopf-Protomen aufliegen, 1803 (Museo Napoleonico, Rom).

die anderen Inselchen des Archipels, besonders Pianosa, das er mit seiner streckenweise undurchdringbaren Vegetation und den Wildpferden für die stimmungsvollste der Inseln erachtet. Bei seinen Spaziergängen begleitet ihn der getreue General Koller, dem er seine Vorhaben unterbreitet, darunter die Errichtung eines Palastes in Portoferraio. Dies sind seltsame Vorhaben für jemanden, der nur kurze Zeit später diesen Ort für immer verlassen würde. Nach der Rückkehr von seinem Ausritt und dem herzlichen Empfang seiner Besucher zur Audienz, unterzieht er sich der Behandlung von Doktor Fourreau de Beauregard, einem ehemaligen Tierchirurgen, der für die kaiserlichen Stallungen zuständig war, nun zum persönlichen Arzt des Kaisers befördert worden ist und vergeblich versucht, die ständigen Brechattacken und die augenscheinlichen Hautausschläge seines Patienten zu bekämpfen. Dieser scheint sich im übrigen gar keine gesundheitlichen Sorgen zu machen und gesteht dem elbanischen Apotheker Gatti („genauso bescheiden wie das Honorar für seine ungeeigneten Salben“, äußerst sich Napoleon später über ihn), dass er sich zu wichtig und noch zu großen Unternehmungen berufen fühlt, um sich von der Krankheit in die Knie zwingen zu lassen. Mehr noch als der Medikamente bedient er sich der Ratschläge des Apothekers, die stets zahlreiche Details über den Klatsch enthalten, der im Ort kursiert. Auch das Mittagessen ist schlicht, reich an Gemüse und Milchprodukten, in den Portionen begrenzt. Die Verdauung darf seinen Geist nicht trüben, da die Lektüre in der Bibliothek auf ihn wartet. Er widmet viele Stunden mit Eifer und Leidenschaft den klassischen Autoren, von Seneca und Plutarch bis hin zu Cäsar und Tacitus; darüber hinaus taucht er ein

Sessel aus toskanischer Manufaktur, Anfang 19. Jh. (Galleria d’arte moderna, Palazzo Pitti, Florenz).

in die Werke modernerer Literaten und Philosophen, wie Diderot und Voltaire und konsultiert den „Moniteur" (einhundertsechsundzwanzig Bände aus verschiedenen Jahrgängen, bis zum 30. Juni 1813) sowie diverse Abhandlungen über Land-, Berg- und Städtebau. Der Bestand der Bibliothek von Elba wurde übrigens bereits kurz nach Fontainebleau sorgfältig vorbereitet, und Bonaparte ließ sich von Buchhändlern aus Livorno statt Klassikern in eleganter grafischer Aufmachung gewöhnlich beachtenswerte Buchneuheiten senden. Jeder auch nur leicht bescheiden aussehende oder zu einer Volksausgabe gehörende Band wurde von Napoleon an den Absender zurückgeschickt. Der Lektüre folgt ein langes Bad in stets brühwarmem Wasser. Außerdem eine Erkundigung der Insel, insbesondere die Inspizierung der offenen Baustellen, wo er sich oft stundenlang aufhält, um die Arbeiten zu kontrollieren und nicht umher kommt, selbst vorzuführen, wie eine Schaufel am besten in die Hand zu nehmen oder ein Ziegel am besten zu setzen sei. So kümmert er sich um alles, von streunenden Hunden bis hin zur öffentlichen Hygiene, von der Zweckmäßigkeit der Brunnen bis hin zum Erscheinungsbild und der Zweckbestimmung öffentlicher Gebäude (die eklatanteste Aktion in dieser Hinsicht betrifft die Nutzung der Chiesa del Carmine als Theater, deren Logen an die prominenten Familien von Elba verkauft werden). Seine Rührigkeit bringt dem Souverän die Bewunderung seiner Untertanen ein. In Gesellschaft seines kleinen Hofstaates, der sich hin und wieder Gäste sowie der englische Agent Campbell anschließen (dieser ist beauftragt, regelmäßig Bericht über die Aktivitäten Napoleons und seine Beziehungen zum Kontinent abzustatten) nimmt er das Abendessen ein. Danach beschließt eine Schachpartie oder ein Kartenspiel den Abend.

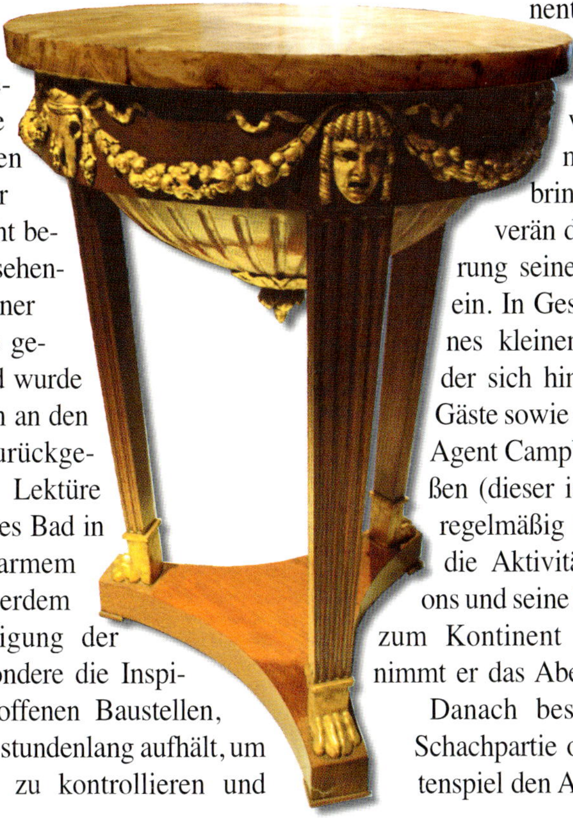

***Gueridon*, Mitteltisch, römische Manufaktur, Anfang 19. Jh. (Museo Napoleonico, Rom).**

Palazzina dei Mulini

Das erste Quartier von Napoleon direkt nach seiner Ankunft ist, wie bereits erwähnt, das Rathaus der Biscotteria. Die Einrichtung der vorübergehenden Bleibe ist derart bescheiden, dass der Kaiser entmutigt bei General Koller anfragt, ob er sich aus Piombino und Lucca einen Teil des Mobiliars aus dem Besitz seiner Schwester Elisa Baciocchi zukommen lassen könne.

Die hässlichen, mit Goldpapier

Außenansicht der Palazzina dei Mulini.

überzogenen Spiegel, die mit scharlachrotem Stoff zweifelhafter Herkunft „verschönerten" Tischchen und der tragikomische, vergeblich in einen unglaubwürdigen Thron verwandelte Sessel sind groteske Versuche, völlig zweckfremden Räumlichkeiten eine Vornehmheit zu verleihen und rufen General Koller zur moralischen Pflicht, dem Gesuch des herabgewürdigten Bonapartes nachzukommen. Folglich wendet er sich an die Behörden des Großherzogtums der Toskana, die mit beachtlichem Eifer wie gewünscht Transportschiffe voller Möbel lossenden, die zwar seiner würdig, jedoch von keinem beson-

Stimmungsvolle Ansicht von Portoferraio.

deren Wert sind, wie Napoleon selbst bemerkt. (Eine völlig unglaubwürdige Anekdote besagt, dass Napoleon sich als Pirat verkleidet der Möbel seines Schwagers und Gemahl Paulines, dem Prinzen Borghese, bemächtigte, die auf einem Frachtschiff transportiert wurden, das während eines Sturms in Portoferraio Zuflucht suchen musste.)

Doch die neue Einrichtung ist kein ausreichender Trost für den Kaiser, der sich schon bald zur Sanierung einiger öffentlicher Gebäude unterschiedlicher Bestimmung entschließt, die sich zwischen dem Forte Stella und dem Forte Falcone befinden. Die Palazzina dei Mulini, benannt nach einigen Mühlen, die zuvor an dieser Stelle gestanden haben, wird zur Stadtresidenz Bonapartes, der im Parterre Quartier bezieht, während in der darüber liegenden Etage die Spieltische und der Platz des Orchesters untergebracht werden, das die Abende zu Hof sowie die Feste, an denen die illustren Persönlichkeiten der Insel teilnehmen, erheitern soll.

Gegenüberliegende Seite: Ausschnitt des Gartens der Palazzina dei Mulini.
Diese Seite: Statue der Minerva und Kopie der Galatea von Canova.

Kanone zur Verteidigung auf der Mauer des Gartens.

Marmorbrunnen, Garten der Palazzina dei Mulini

Gegenüberliegende Seite: die Galerie im Parterre.

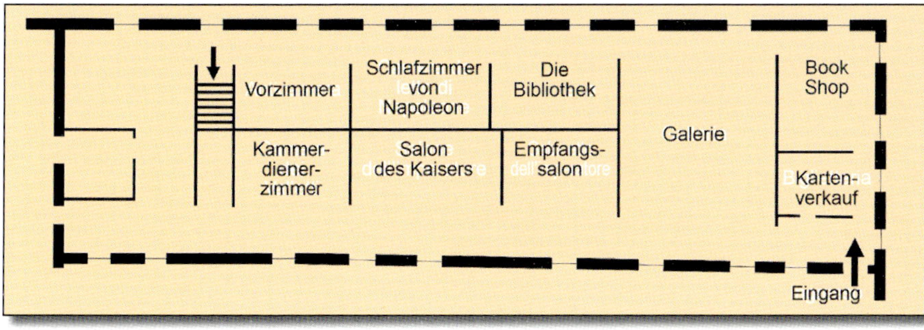

Palazzina dei Mulini. Parterre.

Die abgetretenen Teppiche, die verblichene Tapete und der durch die Feuchtigkeit dunkel gewordene Putz stören Bonaparte nicht, der hier Kraft zu tanken und sich wohl zu fühlen scheint.

Heute wurde zwar ein Großteil der verloren gegangenen Originaleinrichtung durch andere Stücke aus der Zeit ersetzt, der Besucher kann jedoch die vom Kaiser bewohnten Räume in fast unverändertem Zustand besichtigen: das Arbeitszimmer, den Empfangssalon (mit den Gemälden von Raffaele Morghen), das Kammerdienerzimmer, die Garderobe (in der die napoleonische Flagge von Elba aufbewahrt wird), das Vorzimmer, das Schlafzimmer, die Bibliothek mit ihren über ein-

Galerie, Parterre.

Achteckiger Tisch,
Anfang 19. Jh., Galerie.

Gegenüberliegende Seite:
Napoleon am Sankt-Bernhard-Pass,
Reproduktion des Originals von J.L. David,
Öl auf Leinwand,
Galerie.

Die Bibliothek, in der Bücher aus den Bereichen Theologie und Religion, Recht und Rechtssprechung, Geschichte, Wissenschaft, Kunst und Literatur sowie technische und philosophische Texte aufbewahrt sind. Parterre.

Kamin der Bibliothek, an dem der Kaiser, in die Literatur vertieft, viele Stunden verbracht hat. Parterre.

tausend Büchern, die zum Großteil aus Fontainebleau stammen, die Galerie (wo man die Reproduktion von Davids Gemälde bewundern kann, das den Ersten Konsul am Sankt-Bernhard-Pass zeigt) sowie den Offizierssalon (wo eine beachtliche Zeitungssammlung aus der Zeit Napoleons aufbewahrt wird). Im Obergeschoss befindet sich die Wohnung Paulines, der Schwester des Kaisers, wo sich eine prächtige Büste Bonapartes von Francesco Rude befindet. Im Garten, wo Napoleon vor dem Mittagessen spazieren ging und seinen Blick bis über die stimmungsvolle Ostküste schweifen ließ, kann man an klaren Tagen bis zum toskanischen Festland schauen. Hier sind eine antike Statue der Minerva und eine Nachbildung der Galatea aufgestellt, deren Original in der Villa San Martino untergebracht ist.

Oben: Zeitgenössische Vase aus Pariser Manufaktur, *vase fuseau,* aus feinem Porzellan, Schlafzimmer Napoleons. Parterre.

Unten: Wandtischchen mit Spiegel, im Empirestil, auf dem zwei von französischen Kunsthandwerkern gefertigte Bronzeleuchter stehen, die geflügelte Figuren darstellen, ein Stilelement des beginnenden 19. Jh. Schlafzimmer von Napoleon, Parterre.

Der König von Rom, Öl auf Leinwand, Original von Pierre Paul Prud'hon, Schlafzimmer von Napoleon, Parterre.

Dekorierter Ofen und Sessel im Empirestil, Vorzimmer, Parterre.

Gegenüberliegende Seite: Bett des Kaisers, reich mit vergoldeten Schnitzereien verziert, Werk italienischer Kunsthandwerker. Im Gegensatz zu den meisten anderen Einrichtungsgegenständen der Palazzina dei Mulini, die verloren gingen und durch ähnliche zeitgenössische Stücke ersetzt wurden, scheint es sich bei dem Bett um das von Napoleon zu handeln. Schlafzimmer von Napoleon, Parterre.

Vorzimmer, Parterre.

Schränkchen mit Tafelgeschirr aus englischer Manufaktur: das feine Porzellan aus weißem Scherben wurde wahrscheinlich vom Hofstaat Napoleons benutzt; Kammerdienerzimmer, Parterre.

Schränkchen aus französischer Manufaktur, 19. Jh., mit Reliefdekoration, die einen Putto umrahmt von Blumen darstellt, Kammerdienerzimmer. Parterre.

Porzellan aus französischer Manufaktur, Museo degli Argenti e delle Porcellane, Palazzo Pitti, Florenz.

Salon des Kaisers. Parterre.

Dormeuse aus Mahagoni, mit gelber Seide bezogen, Anfang 19. Jh. Empfangssalon, Parterre.

Von Säulen gestützte Uhr, dem Stil zur Zeit der Herrschaft Karls X. von Frankreich nachempfunden. Empfangssalon, Parterre.

Das Mobiliar im klassizistischen Luccheser Stil, mit goldverzierten Armstühlen, Sofa und sechsbeinigem Tisch aus Thujawurzelholz und der Vorhängen nachempfundene rosa Verputz schmücken prunkvoll den Empfangssalon nach dem Geschmack der damaligen Zeit. Parterre.

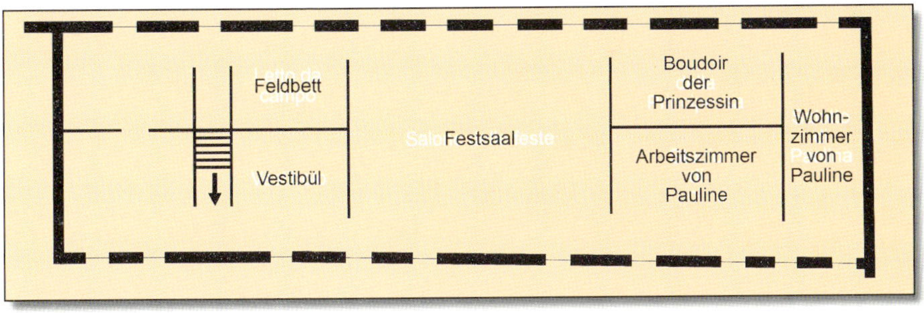

Palazzina dei Mulini. Erster Stock.

Uhr mit Statuette von Napoleon neben seinem Pferd, hergestellt in der kaiserlichen Blütezeit, als der Kaiser auch auf Alltagsgegenständen abgebildet wurde, um sein Ansehen zu unterstreichen.

Kopf der Tänzerin mit den Händen auf den Hüften, Kopie der Skulptur von Canova. Vestibül, erster Stock.

Gegenüberliegende Seite: Tisch mit grüner Marmorplatte, reich mit vergoldeter Bronze verziert, mit ägyptischen Motiven, die ein besonders beliebtes Stilelement bei Einrichtungsgegenständen des beginnenden 19. Jh. darstellen. Empfangssalon, Parterre.

Gegenüberliegende Seite: Himmelbett aus Mahagoni, mit Säulen, deren Kapitelle mit vergoldeten Schwänen bekrönt sind, behängt mit luxuriösen Vorhängen aus roter Seide mit vergoldeten Fransen. Festsaal, erster Stock.

Beine in Form von Liktorenbündeln stützen die Platte des Wandtischchens von toskanischen Meistern, über dem ein majestätischer Spiegel im neobarocken Stil angebracht ist, dessen vergoldete Schnitzereien den Rahmen zieren. Vestibül, erster Stock.

Elegante Armstühle im Empirestil, wahrscheinlich aus toskanischer Manufaktur, weiß und mit vergoldeten Motiven verziert. Festsaal, erster Stock.

Oben links: italienischer Wandspiegel mit Kyma in Form einer geflügelten Sirene; oben rechts: kostbare Uhr mit Statuette, welche die Siege des Kaiserreichs symbolisiert; unten links: Marmorbüste von Pauline Borghese, erste Hälfte des 19. Jh.; unten rechts: lombardischer Dreifuß. Festsaal, erster Stock.

Oben links: Marmorbüste von Jacopo Foresi, gemeißelt von Emilio Santarelli; oben rechts: Portrait von Alessandro Foresi, Werk von David Castelli aus dem Jahr 1846; unten links: Portrait von Ali Pascha, Werk von Domenico Cianfanelli; unten rechts: Portrait des neunzehnjährigen Mario Foresi, von Antonio Ciseri, aus dem Jahr 1868. Zimmer von Pauline, erster Stock.

Oben links: Marmorbüste einer Dame, erste Hälfte des 19. Jh.;
oben rechts: Bildnis einer Frau mit Maske, aus Alabaster, unten links: weibliches Portrait, Öl auf Leinwand, erste Hälfte des 19. Jh.; unten rechts: Büste von Leopold II. von Lothringen. Boudoir der Prinzessin, erster Stock.

Klappbares Feldbett mit Baldachin für Moskitonetz und Originaltruhen, hergestellt vom Pariser Schmied Desouches für Napoleon, der an das spartanische Leben auf Militärkampagnen gewöhnt war und mehrmals auch bei seinem Aufenthalt auf Elba darauf schlief. Kleiner Saal neben dem Festsaal, erster Stock.

Luftansicht des Baukomplexes bestehend aus der Galerie Demidoff und der Villa San Mar

Villa San Martino

Der unermüdliche und ehrgeizige Kaiser kann sich nicht mit einer Stadtresidenz zufrieden geben und entschließt sich daher, mit dem Geld der Schwester Pauline eine Villa zu einer Sommerresidenz herzurichten, die sich am Fuß des Berges San Martino in einem Tal knapp sechs Kilometer von Portoferraio befindet. Das Klima in der Talmulde ist jedoch zu heiß und hindert Bonaparte daran, dort durchgängig zu verweilen, sodass er an dem Ort nur kurze Zeitabschnitte verbringt. In dieser Sommerresidenz werden jedoch die bedeutendsten Zeugnisse des Aufenthalts Bonapartes auf Elba aufbewahrt, da es sich bei der Einrichtung um Originalgegenstände handelt. Heute befindet

Ein Adler thront über dem eindrucksvollen Gitter der Villa San Martino; die emsigen Bienen, Bestandteil des Banners von Elba, sind ein wiederkehrendes dekoratives Motiv auf der Fassade der Galerie Demidoff.

Außenansicht der Galerie Demidoff.

sich vor der Villa eine beeindruckende Galerie, die von Niccolò Matas entworfen und 1851 vom Prinzen Anatolio Demidoff, einem entfernten Verwandten des Kaisers, errichtet wurde. Jenseits des großen Gitters ragt das Museum empor, das sich aus einer Mittelgalerie mit einem Frontgiebel im dorischen Stil und zwei Seitengalerien zusammensetzt, die aus einem hartem Stein gebaut sind, der auf der Insel gelber Granit genannt wird. Die architektonische Außenverzierung besteht aus den Mauern vorgelegten Pfeilern, die einen klassischen Fries stützen, der zwischen den Metopen

abwechselnd Adler, Bienen und den Buchstaben N als Initiale Napoleons aufweist. Zwei Reihen mit wuchtigen Granitsäulen stützen den Innenbereich der Galerie, die eine bedeutende Sammlung von Stichen, Möbeln und Statuen beherbergt, darunter die bekannte Galatea von Canova (die von dem Bildhauer nach dem Vorbild der schönen Pauline Bonaparte geschaffen worden sein soll) sowie zahlreiche Gemälde aus dem 17. bis 19. Jahrhundert. Als Napoleon hier wohnte, besaß der Ort nicht die monumentale Feierlichkeit und den festlichen, an den Klassizismus angelehnten Stil und glich eher einer eleganten, doch schlichten Landvilla. Um sie zu erreichen, muss der Besucher die Galerie Demidoff durchqueren, da sich die kaiserliche Villa regelrecht auf deren Terrasse erhebt.

Innenansicht der Galerie Demidoff, in der die reiche Pinacoteca Foresiana untergebracht ist.

Während im Parterre die Badezimmer untergebracht sind, befindet sich im ersten Stock die aus acht Zimmern bestehende Wohnung Napoleons: in der Mitte der ägyptische Saal, der wohl einzige Raum, der das Bedürfnis des Kaisers verrät, seinen Ruhm zu zelebrieren und in dem der Maler Ravelli mit der Aufgabe betraut wurde, die Gesten des jungen Generals Bonaparte darzustellen. Das Ratszimmer wird auch Taubenzimmer genannt, aufgrund des Deckengemäldes, das zwei Tauben darstellt, die die Enden eines Knotens im Schnabel halten, der sich immer fester zuzieht, je weiter sie sich voneinander entfernen. Hier versammelte sich mehrmals der Generalstab Napoleons, der sich aus

Die Canova zugeschriebene Galatea, aufbewahrt in der Pinacoteca Foresiana der Galerie Demidoff.

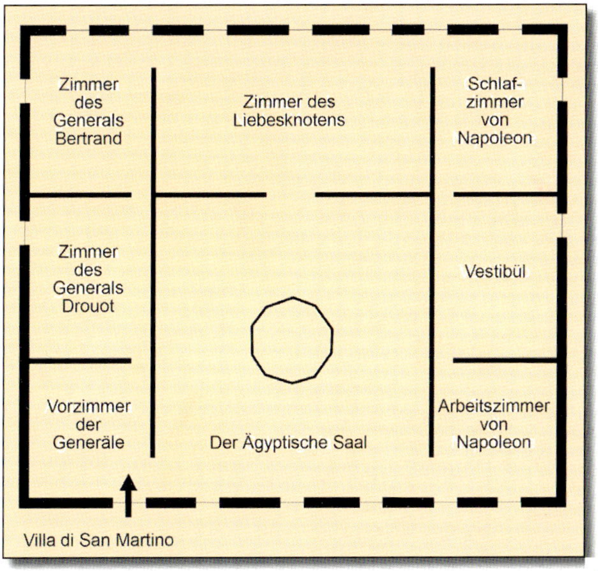

Bertrand, dem Innenminister, Drouot, dem Gouverneur der Insel, Cambronne, dem Militärkommandanten, und Peyrusse, dem Schatzminister, zusammensetzte. Die übrigen Räume sind das Schlafzimmer, das Vestibül, das Arbeitszimmer, die Räume der Generäle Bertrand und Drouot sowie deren Arbeitszimmer.

Oben: Vorzimmer der Generäle.

Unten: Villa San Martino, Blick auf die Terrasse.

Zimmer des Generals Drouot.

Kommode aus Mailänder Manufaktur und Wandspiegel toskanischer Meister. Zimmer des Generals Drouot.

Gegenüberliegende Seite: oben, Zimmer des Marschalls Bertrand, eingerichtet mit Tischen aus geschnitztem und vergoldetem Holz aus toskanischer Manufaktur. Unten: das Zimmer des Liebesknotens, auch Ratszimmer genannt, das über eine vortreffliche klassizistische Einrichtung verfügt, die mit exotisch anmutenden Verzierungen veredelt ist.

Die Decke des ägyptischen Saales, auf der ein großer Zodiakus aufgemalt ist, der Glück und Elend der menschlichen Existenz verdeutlicht.

Der ägyptische Saal, in dem Stil und Gegenstand der Malereien an den Ägyptenfeldzug erinnern.

Gegenüberliegende Seite: oben, die allegorische Deckenmalerei mit den Tauben, die mit den Enden eines Bandes im Schnabel auseinander fliegen und so den Knoten in der Mitte zuziehen. Die Abbildung symbolisiert die räumliche Trennung des Paars, das trotz der Entfernung in seinem unglücklichen Schicksal miteinander verbunden ist und dessen Trennung es mehr eint als zuvor. Unten: das Schlafzimmer von Napoleon, schlicht eingerichtet mit einem Bett aus lombardischer Manufaktur, Nachttisch und Schreibtisch. Die Originalmöbel, die heute nicht mehr auffindbar sind, stammen von den Gebrüdern Jacob, die bekannte Schreiner und Schnitzer waren.

DIE PETITE ARMÉE

Wenige Tage nach seiner Ankunft auf Elba äußert Napoleon dem General Koller gegenüber seine Absicht, die bereits gut befestigte Insel mit einer starken Truppe aus viertausend Mann auszustatten, die ihn seinen Worten nach besser beschützen könne. Koller warnt Bonaparte davor, dass ein derartiges Vorhaben nicht nur der bislang zur Schau getragenen pazifistischen Gesinnung widerspreche, sondern außerdem der französischen Regierung als Vorwand dienen könne, sich nicht mehr an die in den Verträgen eingegangenen Verpflichtungen zu halten und die Zahlung der beachtlichen, dem Kaiser zugesicherten Geldsumme zu unterlassen. Zunächst verärgert, dankt dieser Koller

für seine Offenheit und versichert ihm, den unangebrachten Entschluss nicht weiter zu verfolgen. Tatsächlich jedoch treffen Ende Mai, nach der Abreise des österreichischen Generals und der Truppen der französischen Regierung, vom Hafen Savona kommend, einige Überreste der Alten Garde ein, die ihrem Kaiser treu geblieben ist. Es handelt sich dabei um vier Kompanien mit insgesamt sechs- bis siebenhundert Mann: leichte Grenadiere, polnische Lanzenreiter, Gendarme, Kanoniere, Fußjäger, einige Mamelucken und ein paar Matrosen bilden die neue kaiserliche Garde. Eine kleine, aber ruhmreiche Armee unter dem Befehl des Generals Cambronne. Dieser hatte viele Jahre zuvor Bonaparte persönlich das Leben gerettet, als dieser im Saal aus dem 16. Jahrhundert, dem Sitz des Direktoriums, den Rat aufgelöst hatte. Der General trägt nach einer Verletzung bei den Pariser Auseinandersetzungen mit den Soldaten Ludwigs XVIII. eine Armbinde. Ob die kleine Armee ausschließlich aus ergebenen Anhängern besteht, die bereit sind, für ihren Souverän zu sterben ist fraglich, da die Fälle von Gehorsamsverweigerung bis hin zur Fahnenflucht zunehmen. Doch Napoleon, der sich der Notwendigkeit einer größtmöglichen Truppe bewusst ist, greift nicht zu abschreckenden Strafen, sondern beschränkt sich darauf, die Aufrührer auf die Insel Pianosa zu schicken und die Auszahlung des, wenn auch geringen, Soldes einzustellen. Auf Elba landen zahlreiche, wegen ihrer Treue zu Bonaparte suspendierte und degradierte Offiziere, einige mit ihrer Familie im Gefolge, die sich der kaiserlichen Garde trotz der dürftigen Besoldung der Truppe anschließen. Aus den dreißigtausend für die Armee gestanzten

Der ägyptische Saal. Gerade am Übergang vom 18. zum 19. Jh. besteht ein gewaltiges Interesse für das Alte Ägypten, seine Mysterien, seine dekorative Kunst und insbesondere für die Hieroglyphenschrift.

Francs werden mehr als hunderttausend. Napoleon ist gezwungen, den Sold weiter zu senken und die für die einzelnen Dienstgrade vorbehaltenen Zulagen zu streichen. Als der Kaiser Paris verließ, belief sich sein Vermögen auf drei Millionen Francs, doch auf Elba wartet er vergeblich auf die ihm bei seiner Abdankung von der französischen Regierung zugesicherte, jedoch nie ausgezahlte Leibrente, verschwendet sein Vermögen und muss schließlich seine Verwandten um Darlehen bitten. Die Steuern, zu deren Erhebung er sich auch aufgrund der Kosten für die Streitkräfte gezwungen sieht, werden von den Insulanern nur teilweise entrichtet. Außerdem scheitert der Versuch, auf der Insel Hochöfen zu errichten. Die Eingänge sind gering und erlauben nicht den Unterhalt eines, wenn auch kleinen, Hofstaats, der zweitausend Francs kostet. Hinzu kommt ein Freibataillon aus Söldnern sowie ein korsisches Bataillon. Dabei handelt es sich um großteils wenig Vertrauen erweckende und undisziplinierte Männer, die jedoch gut bewaffnet und kampffähig sind. Dieses neue Heer aus fast Eintausend Soldaten soll den Kaiser eine Million Francs kosten. Die Jäger werden in der Kaserne von de Laugier untergebracht, während die polnischen Lanzenreiter im Forte Falcone und die Grenadiere im Forte Stella einquartiert werden. Die Offiziere kommen im Pavillon der Villa dei Mulini unter. In der Zwischenzeit löst sich die elbanische Miliz auf, angesichts der geringen Bereitschaft ihrer Mitglieder, sich in ein reguläres Heer zu integrieren.

Fächerförmiger Ofenschirm, Anfang 19. Jh. (Galleria Palatina, Palazzo Pitti, Florenz). Entgegen lange Zeit von Historikern vertretenen Behauptungen, umgab sich der Kaiser mit kostbaren und geschmackvollen Einrichtungsgegenständen, die er sich direkt aus Frankreich zukommen oder in Italien anfertigen ließ. Dies ist dem auf 1814-1815 datierten „Mobilier“ zu entnehmen, einem Inventar an Möbeln und Objekten aus dem Besitz von S.M. dem Kaiser, das akribisch vom Präfekten des Palazzo Deschamps aufgestellt wurde.

DIE EREIGNISSE: VON DER ANKUNFT BIS ZUR FLUCHT

Nach einem Brief vom 27. April 1814, in dem der englische Kommandant, General Montresor, den Gouverneur Elbas Dalesme vom Fall Napoleons unterrichtet, kündigt eine Meldung des Kriegsministers vom 28. April die Ankunft des Kaisers auf der Insel an. Am 3. Mai legt die englische Fregatte Undaunted an der Reede von Portoferraio an. Am Nachmittag des darauffolgenden Tages geht Bonaparte an Land, um seinen neuen Untertanen gegenüberzutreten.

Am 10. Mai versammelt Dalesme, nachdem er seine persönlichen Gegenstände, Kisten und Archive verpackt und Napoleon das Kommando über die elbanische Miliz übergeben hat, die französischen Truppen, um nach Marseille in See zu stechen, wo er einige Tage später anlegt, nachdem ein Sturm die Mannschaft dazu gezwungen hat, Truhen mit wichtigen Dokumenten und einen Teil der Bewaffnung über Bord zu werfen.

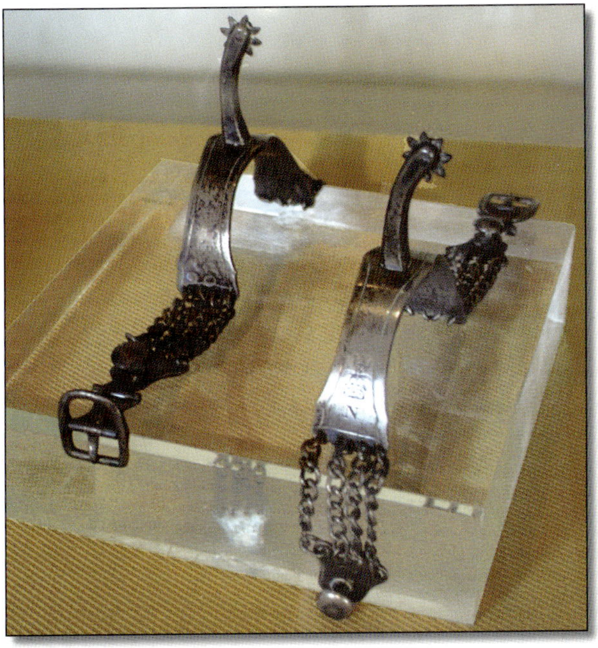

Die Sporne von Napoleon (Museo civico del Risorgimento, Mailand).

Wenige Tage später verlässt auch der bereits mit Bonaparte befreundete General Koller die Insel. Gegen Ende Mai erreichen die ersten Schiffe die Insel, die fast heimlich Trupps der Alten Garde befördern. Anfang Juni gesellen sich die treuen Offiziere und die nostalgischen Anhänger Bonapartes und des bereits verflogenen liberalen Traums hinzu. In dieser Zeit erreicht auch die Nachricht vom Tod Josephinas die Insel. Nach dem Vertrag von Fontainebleau war der Ex-Gatte im Genuss einer jährlichen

Rente in Höhe von einer Million Lire und hatte außerdem das Recht, die Gegenstände zu behalten, die vor seinem Sturz in Josephines Besitz standen. Sie verband eine tiefe Freundschaft mit dem Zaren Alexander, dem Kaiser von Österreich und dem König von Preußen, von denen sie häufig Besuch bekam und entdeckte ihre Lust am gesellschaftlichen Leben wieder, nachdem sie die tragische Folge von Ereignissen ausgestanden hatte. Am 10. Juni erreichen mehrere Schiffe das Hafenbecken von Portoferraio, die insgesamt etwa fünfzig Pferde an Bord haben, darunter die fünf Lieblingspferde des Kaisers: der zwar nicht wegen seiner Schönheit, doch wegen seiner Treue in der Schlacht geliebte Araber Vagram, der „Russlandveteran" Tauris, ein Geschenk von Zar Alexander, der Normanne Intendant, der, zahm wie ein Zugpferd, dankbar schien, wenn er geritten wurde, Roitelet, ein Geschenk des Patensohns Eugène de Beauharnais, und der erstaunlich elegante Spanier Emir. Mitte Juni kauft er auf Kosten seiner Schwester, oder schlichtweg unter Nutzung ihres Vermögens, das Landhaus im Tal von San Martino. In jenen Tagen sucht er Zerstreuung in diversen Aktivitäten, die ihn von traurigen und besessenen Gedanken ablenken sollen, denn er ist überzeugt davon, dass seine Gattin Marie Louise, von ihrem Vater gefangen gehalten, nicht zu ihm auf die Insel kommen kann. In Wirklichkeit jedoch scheint es ihr eigener Entschluss zu sein, sich nicht zu ihrem Gemahl zu begeben, um zu verhindern, dass ihr Vater, der Kaiser von Österreich, aus Rage nicht noch strengere Maßnahmen gegen Bonaparte trifft. Sie findet unter anderem in Graf Neipperg einen Liebhaber, der schon bald den geliebten Ehemann vergessen lässt, dem sie noch wenige Wochen zuvor

Krug und Schüssel, Manufaktur von Doccia, 1800-1810 (Museo degli Argenti e delle Porcellane, Palazzo Pitti, Florenz).

leidenschaftliche Briefe geschickt hatte, die jedoch ihr Ziel verfehlt hatten, da sie von der strengen Überwachung abgefangen wurden.

Im Sommer 1814 erheitert Pauline, die schöne Schwester des Kaisers, die Atmosphäre am Hof. Sie besucht den Bruder mehrmals und verweilt dabei jeweils kurze Zeit auf der Insel. In dieser Zeit laufen außerdem die Vorbereitungen zu den üppigsten, vom Kaiser selbst organisierten Festen, der sowohl die aktive Leitung der Baustellen als auch die zahlreichen weiteren intellektuelleren Beschäftigungen übernimmt und es bevorzugt, all das zu übernehmen, was das eigene Ansehen beeinflussen und vor allem sich auf die eigenen Finanzen auswirken kann. Am 15. August findet die Feier des „Heiligen Napoleon" statt. Am 1. September besucht die Gräfin Maria Walewska Napoleon in Begleitung ihres Bruders, dem Oberst Laczinski, ihres Sohnes und ihrer Schwester, offiziell aus Gründen der höfischen Freundschaft. Tatsächlich jedoch reist sie nach einigen Tagen in der Villa San Martino wieder ab und führt dabei heimlich einen Brief Napoleons mit sich, den sie Murat zukommen lassen soll. Napoleon sieht die Gräfin 1815 zum letzten Mal in Frankreich. Am 1. November beschließt der Kongress im Geheimen, Bonaparte an einen anderen Ort zu verbannen. Man erwägt auch die Möglichkeit eines Komplotts, um ihn zu beseitigen. Diese Stimmen erreichen auch das Ohr des Betroffenen, der dadurch keinesfalls besorgt zu sein scheint. Am 6. Dezember schreibt Bonaparte dem Kommandanten des Pionierkorps Raoul, um notwendige Erweiterungen der Villa San Martino anzufordern, welche den Bau von Stallungen und Unterkünften für die Offiziere und Wachmannschaften sowie einen Billardsaal mit Kaminen und großen Fenstern beinhalten.

Milchkanne, Teekanne und Zuckerdose, Manufaktur von Doccia (Museo degli Argenti e delle Porcellane, Palazzo Pitti, Florenz).

Im Januar 1815 unterbreitet der Architekt dem Kaiser den Voranschlag für die Arbeiten, den dieser nach sorgfältiger Prüfung unterzeichnet. Unvermeidlich stellt sich die Frage, warum Napoleon, bereits zur Flucht veranlasst und von ehrgeizigen Revancheplänen bewegt, sich mit der Renovierung der Villa befasste, die

Wallfahrtskirche Madonna del Monte, eindrucksvolles und altes religiöses Zentrum der Insel, wohin Napoleon, der vom Zauber des Ortes nicht unberührt blieb, Maria Walewska in den Spätsommertagen des Jahres 1814 geführt haben soll, als die Adlige ihn besuchte, um ihn über die Bürde des Exils hinwegzutrösten und über die politischen Gärungen auf dem Kontinent zu informieren.

er nicht mehr bewohnen würde. Es scheint zwei Erklärungen hierfür zu geben: einerseits wollte Bonaparte wohlmöglich die Insel Elba für die Zeit nach seiner Rückkehr an die Spitze seines Imperiums als Erholungsort, sozusagen als Sommerresidenz, beibehalten; andererseits mag der Kaiser erwogen haben, sich im Fall eines unglücklichen Nachspiels hier endgültig niederzulassen. Er konnte sich nicht denken, dass die europäischen Mächte seine Frechheit noch weitaus härter bestrafen würden.

Ebenfalls im Januar 1815 ereilt die Nachricht die Insel, die monarchische Macht der Restauration habe keinen Halt mehr in der Bevölkerung und ein großer Teil des Heeres sei bereit, sich erneut auf die Seite

Napoleons zu schlagen. Dieser ist vom Verlangen getrieben, erneut die politische Bühne zu betreten. Nach dem Besuch des Grafen Litta Biumi, der stellvertretend für die italienischen Patrioten die Rückkehr Napoleons auf den Kontinent fordert, denkt dieser über die Möglichkeit nach, an der neapolitanischen Küste zu landen.

Unterdessen beginnt sich die napoleonische Flotte zu vergrößern. Zu ihren Schiffen zählen unter anderem die Brigg Inconstant, die Mouche und die Abeille, zwei Feluken, die zuvor für die Überwachung der Minen von Rio Marina bestimmt waren, sowie die Schebecke Etoile.

Am 16. Februar 1815 erhält General Drouot den Befehl, die Brigg Inconstant ins Hafenbecken einfahren zu lassen, damit diese dort seetüchtig gemacht werden kann: ihre „Wasserwege“ werden gut abgedichtet, der Kiel poliert und der Rumpf und weitere Schiffsteile wie eine englische Brigg angestrichen. Auf Wunsch Napoleons wird sie außerdem mit achtzehn Kanonen und einer für eine vierundsechzig Mann starke Besatzung drei Wochen ausreichende Ration beladen. Das übrige Heer wird auf den anderen Schiffen untergebracht. Große Mengen an gepökeltem Fleisch und Zwieback, Holz, Wein und Trinkwasser erreichen den Hafen. Alles ist bereit für die Flucht, von der bereits jeder weiß, wenngleich das Ziel unbekannt bleibt. Der Agent der englischen Spionage Champbell befindet sich in Livorno. An Land wird Karneval gefeiert, auch Pauline und die Mutter, die ihre beiden Kinder aufgesucht hat, sind anwesend. Die beiden Frauen bleiben bis einige Tage nach der Flucht hier. Champbell erfährt von den Plänen Napoleons. Er ist sich sicher, dass dieser Neapel anläuft, um sich mit den Aufrührern um Murat zu vereinen, und schreibt einen Brief, in dem er seine Absicht bekräftigt, Bonaparte zu zerstören, sobald er die napoleonischen Schiffe erreicht. Doch die Windstille hindert ihn daran, aus dem Hafen von Livorno auszulaufen. Schließlich bewahrheitet sich das Sprichwort: Wer wagt, gewinnt. Am 26. Februar 1815 sticht die Inconstant, gefolgt von einer kleinen Flotte, in See. An Bord wirft der Kaiser der Franzosen einen letzten Blick auf seine Insel. Seine Gedanken kennen wir nicht, doch ist davon auszugehen, dass ihn jene Melancholie beschlich, die auch mächtige Männer in Momenten des Abschieds empfinden. Nach Umschiffung des Cap D'Antibes landet die napoleonische Flotte im Morgengrauen des 1. März 1815 in Golfe-Jouan. Bald darauf erreicht der Kaiser Paris, wo das französische Volk ihm ein letztes Mal zujubelt.

INHALT

Der Adler, Symbol der napoleonischen Größe, scheint von der Terrasse der Villa aus die Ebene von San Martino abzusuchen (Villa San Martino).